TAYLOR Swift

Illustrations
Lucía Gómez Alcaide

whitestar kids

Connais-tu bien Taylor Swift ?
Pour le savoir, réponds au...

SWIFT QUIZ !

Le nom complet de Taylor est

- ◯ Taylor Lizzie Swift
- ◯ Taylor Alison Swift
- ◯ Taylor Mary Swift

LOVE

RÉSERVÉ AUX VRAIS SWIFTIES !

Taylor Swift est née le 13 décembre

- ◯ 1989
- ◯ 1993
- ◯ 1997

Lequel de ces albums N'EST PAS de Taylor Swift ?

- ◯ Reputation
- ◯ Sweetener
- ◯ Lover

Taylor NE SAIT PAS jouer

- ◯ du piano
- ◯ du ukulélé
- ◯ de la flûte

Lover

« Soyez simplement vous-même, il n'y a personne de meilleur. »

Que peut-elle bien dire ?

Écris dans la bulle ta citation préférée de Taylor, ou bien imagine ce qu'elle pourrait dire.

TAYLOR
Swift

Aide Taylor à retrouver son rouge à lèvres... rouge, bien sûr !

Karma is a cat

La famille féline de Taylor se compose de trois chats appelés Meredith Grey, Olivia Benson et Benjamin Button.
Best Friends Purrrrr-Ever!

SWIFT 13

« Avant chaque concert j'écris mon chiffre porte-bonheur, le 13, sur ma main. J'ai toujours été marquée par ce chiffre : je suis née un 13 et j'ai connu treize vendredis 13. Mon premier album a été disque d'or en 13 semaines et ma première chanson numéro 1 dans les classements avait une intro qui durait 13 secondes. Au final, toute ma vie est placée sous le signe du 13, pour mon plus grand bonheur ! »

13 choses à savoir sur TAYLOR *Swift*

1 En l'entendant chanter l'hymne national à un match de basket quand elle avait 9 ans, ses parents ont tout de suite compris qu'elle avait un don !

2 Taylor est la plus jeune gagnante dans la catégorie album de l'année ! *Fearless* lui a valu un Grammy Award en 2010, à seulement 20 ans !

3 Taylor a eu de nombreux surnoms au fil des ans, dont Tay, Swifty, T-Swift, T Swizzle et T-Sweezy.

4 « Kiss Me », du groupe Sixpence None the Richer, est le premier morceau qu'elle a appris à jouer à la guitare.

5 À 14 ans, elle a écrit un livre intitulé *A Girl Named Girl* (*Une fille appelée Fille*).

6 Au fast-food, elle a un faible pour le menu cheeseburger, frites et milk-shake chocolat.

7 Sa première chanson, écrite à seulement 12 ans, s'intitule « Lucky You ».

8 Elle a été plusieurs fois « sciée en deux » par un magicien et a participé à plein d'autres tours de magie.

9 Taylor mesure 1,80 m.

10 Elle est l'auteure des paroles de toutes les chansons de son troisième album, *Speak Now*.

11 Fan de randonnée, elle pratique souvent cette activité sportive avec son ami Ed Sheeran.

12 Elle compose les paroles de ses chansons à une vitesse incroyable. Elle a ainsi écrit « Love Story » en une vingtaine de minutes.

13 Jusqu'ici Taylor a remporté 14 Grammys, un record, mais elle ne va sûrement pas s'arrêter là !

13

Tu crois tout savoir sur Taylor Swift ? Prouve-le en répondant à ce

SWIFT QUIZ !

Par quel genre musical a-t-elle débuté ?

- ○ Rock
- ○ Country
- ○ Rap

Taylor a grandi dans

- ◯ une ferme de sapins de Noël
- ◯ une ferme avec un élevage de moutons
- ◯ une ferme avec un gigantesque verger

Petite, Taylor voulait devenir

- ◯ chanteuse
- ◯ jockey professionnelle
- ◯ paléontologue

Quel est son dessert préféré ?

- ◯ La tarte
- ◯ Le gâteau au chocolat
- ◯ Le cheesecake

Le 27 octobre 2023, Taylor Swift est devenue l'artiste la plus écoutée en une seule journée de streaming sur Spotify.

En 2024, lors de la 66e cérémonie des Grammy Awards, Taylor est devenue la première artiste à remporter une quatrième récompense pour l'album de l'année !

DES RECORDS

La vidéo de « Me ! » a atteint 65,2 millions de vues en un seul jour, un record qui a fait de Taylor l'artiste féminine ayant enregistré la meilleure performance en 24 heures sur YouTube.

THE Best À LA PELLE !

En un an de tournée, la chanteuse a parcouru une distance équivalant à sept tours du monde.

Sa chanson la plus écoutée sur Spotify, en juin 2024, est « Cruel Summer ».

Shake
it
OFF

Shake
it
OFF

Les gens n'ont pas toujours été là pour moi mais la musique, si.

Taylor

Swift

Un style unique (à toi de décider !)

Découpe et colorie à ta guise les vêtements et les accessoires, puis essaie cette tenue sur Taylor.

Best
Love
STAR
WOW

« Le bonheur et la confiance sont les plus belles choses que vous puissiez porter. »

Que peut-elle bien dire ?

Écris dans la bulle ta citation préférée de Taylor, ou bien imagine ce qu'elle pourrait dire.

FEAR
LESS

Attention aux détails !

Trouve les 5 différences entre les deux photos.

wow

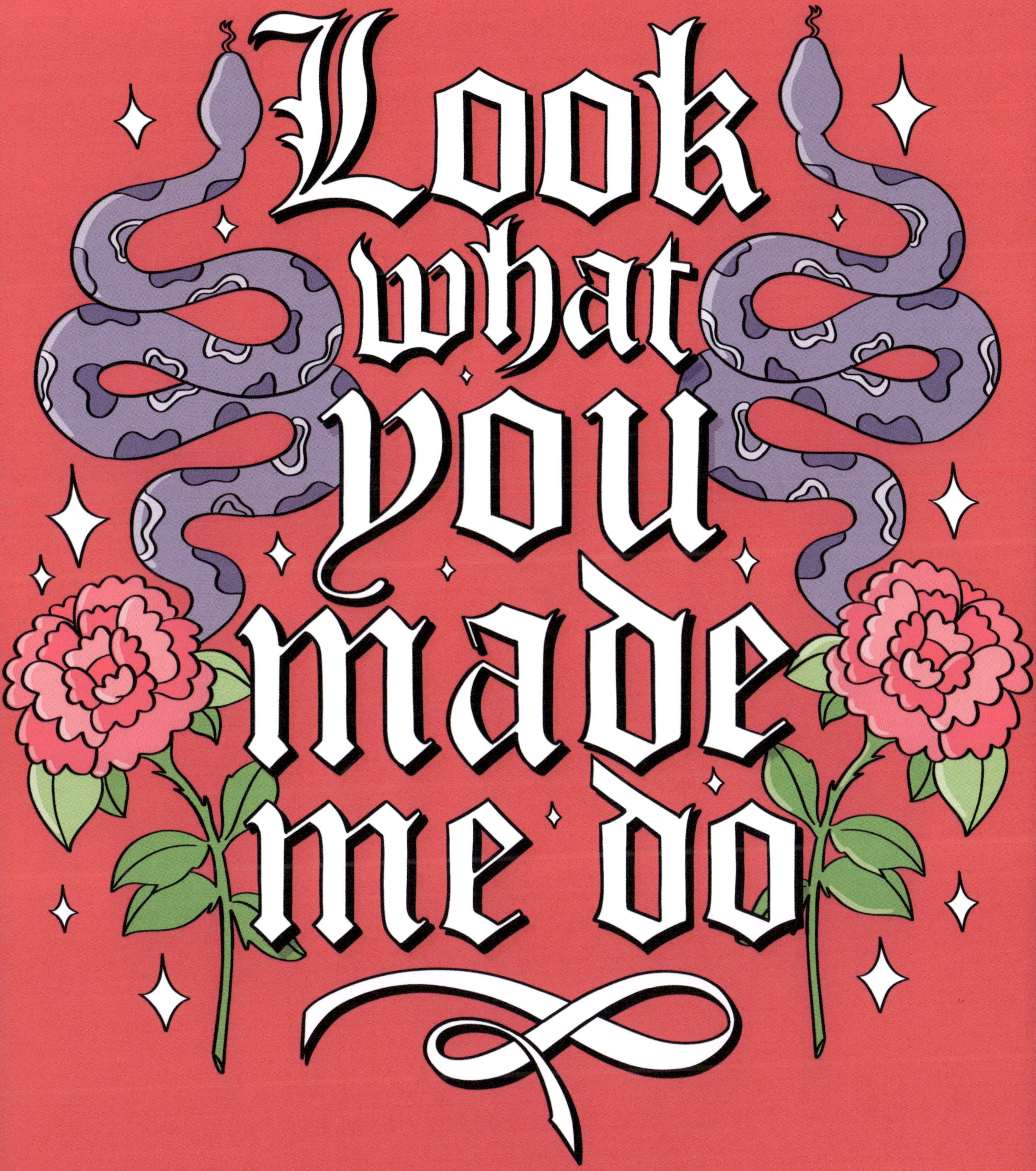
Look
what
you
made
me do

Taylor Swift

Lover

Folklore

Speak Now

Midnights

Reputation

Fearless

Red

1989

Méli-mélo d'albums !

Arriveras-tu à retrouver les noms des albums cachés parmi les lettres ? Ils peuvent être écrits à l'horizontale, à la verticale, en diagonale ou même à l'envers.

V	I	R	P	P	V	D	W	J	O	G	R	W	P	E
B	H	K	E	J	Q	O	M	V	V	R	C	H	A	D
S	R	K	L	P	N	B	R	S	E	L	U	F	U	B
S	N	M	C	K	U	B	N	D	G	M	V	I	R	N
V	R	A	A	W	K	T	B	M	V	U	W	Q	S	F
F	M	E	Z	I	T	P	A	C	I	M	I	R	D	X
H	P	S	1	A	H	E	Q	T	C	S	Q	X	F	U
S	F	V	9	Z	D	R	S	T	I	W	B	A	E	T
W	B	R	8	M	Q	O	X	R	F	O	L	V	A	V
M	B	Y	9	A	O	L	H	R	E	P	N	J	R	Z
G	O	C	R	U	U	K	V	H	K	V	U	D	L	U
S	J	N	A	N	S	L	C	Q	U	Y	O	J	E	J
T	F	I	W	S	R	O	L	Y	A	T	L	L	S	O
V	X	E	C	I	U	F	E	M	G	I	C	G	S	Y
M	I	D	N	I	G	H	T	S	U	P	Y	R	Z	F

- Taylor Swift
- Lover
- Folklore
- Speak Now
- Midnights
- Reputation
- Fearless
- Red
- 1989

Lequel est ton préféré ? Pourquoi ?

Quelle chanson de cet album préfères-tu ?

Taylor
Swift

Des bracelets… à échanger !

Remets dans l'ordre les perles des bracelets d'amitié, puis colorie-les à ta guise.

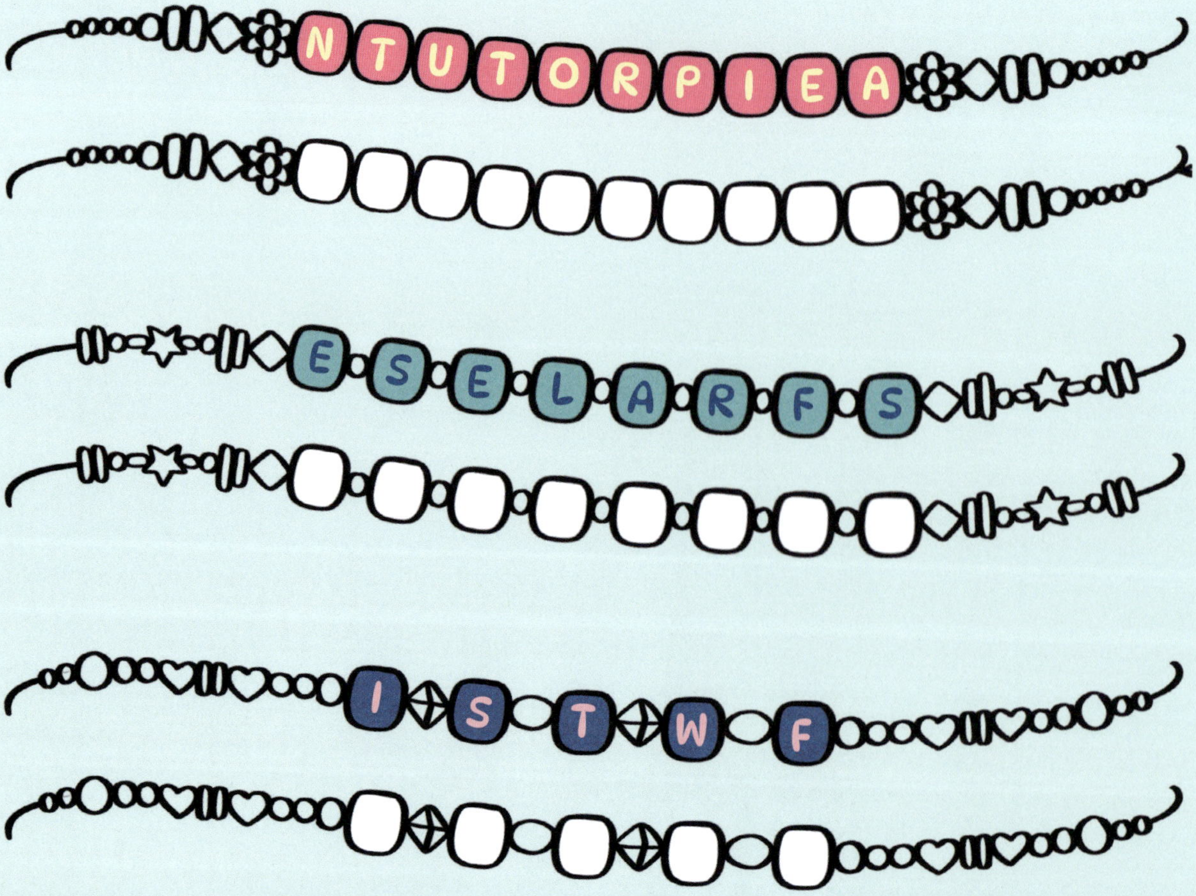

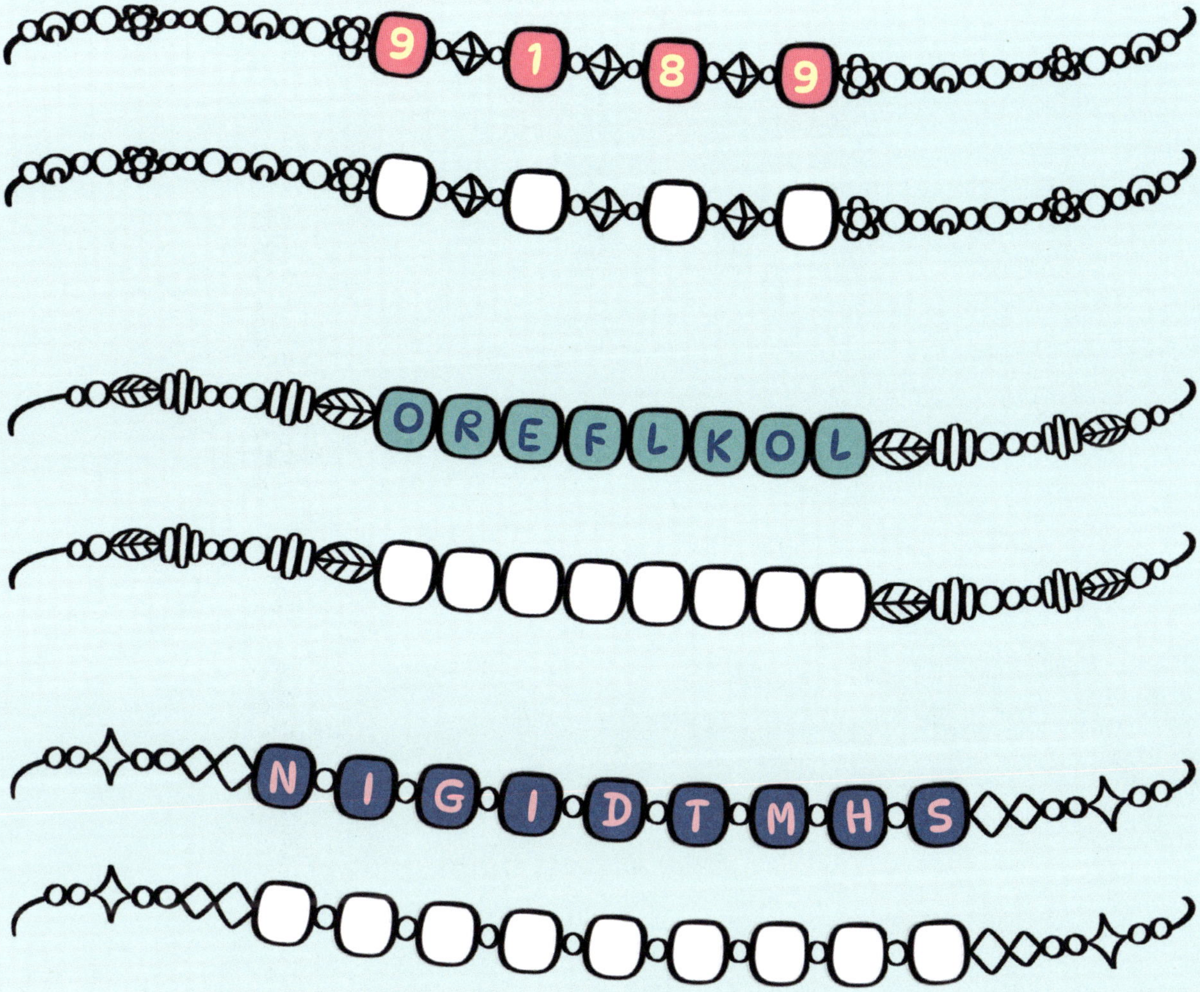

Essaie d'en fabriquer des vrais, pour pouvoir les échanger lors du prochain concert !

Aide Taylor à remporter son prochain Grammy Award!

Complète les titres des chansons.

Saurais-tu trouver les mots qui manquent à ces titres de chansons ?

Out of the ____________

01:52/03:55

All the ____________

You ________ Before

01:00/03:41

I Knew You Were ________

02:53/03:39

13

Back to ____________

01:02/04:53

love

We Are ______ Ever
Getting ______ Together
01:52/03:13
Christmas ______ Farm
01:00/03:47
______ on My Guitar
00:52/03:22
YAY!
If This Was a ______
01:52/03:57
You ______ to ______ Down
01:52/02:51
______ What you
______ Me Do
01:52/03:31

Programme ta TOURNÉE !

Comment s'appelle ton album ? Et ta tournée ?

Quel nom pourrais-tu donner à ton ère ?

Dresse la liste des chansons de Taylor que tu voudrais chanter avec elle lors de ton premier concert.

1. ____________________

2. ____________________

3. ____________________

4. ____________________

5. ____________________

6. ____________________

7. ____________________

8. ____________________

Taylor

&

____

As-tu jamais pensé, toi aussi, à écrire une chanson ? Comment pourrait-elle s'intituler ?

De quoi parlerait-elle ?

Écris et colorie le nom de ta tournée !

TOURNÉE !

Comment voudrais-tu t'habiller ?
Essaie de dessiner ton look.

SOLUTIONS

TAYLOR SWIFT
FEARLESS
(TAYLOR'S VERSION)
SPEAK NOW
(TAYLOR'S VERSION)
RED
(TAYLOR'S VERSION)

DES JEUX
1989
OR'S VERSION)
REPUTATION
LOVER
FOLKLORE
EVERMORE
MIDNIGH

Page 2

1. Taylor Alison Swift 2. 1989
3. Sweetener 4. de la flûte

Page 18

1. Country 2. une ferme de sapins de Noël 3. jockey professionnelle 4. cheesecake

Page 9

Page 40

Page 45

Pages 48-49

1. Reputation 2. Fearless 3. Swift
4. 1989 5. Folklore 6. Midnights

Page 50

Page 52

1. Woods 2. Girls, Loved 3. Trouble
4. December 5. Never, Back 6. Tree
7. Teardrops 8. Movie 9. Need, Calm
10. Look, Made

Lucía Gómez Alcaide

Artiste-lettriste et illustratrice basée à Malaga (Espagne), elle a obtenu un diplôme en publicité et relations publiques et une maîtrise en conception graphique et impression. Aujourd'hui, elle aime dessiner des messages puissants et ironiques qui font rire les gens, et utiliser des couleurs vives quelle que soit la technique utilisée : numérique, marqueurs ou acrylique. Lorsqu'elle ne crée pas, elle passe du temps avec sa famille (chaton, chien et petit ami) ou ses amis, en se promenant, en regardant des films ou en cuisinant.

Credits photographiques

Page 2 : Emma McIntyre/Getty Images ; Page 3 : Hector Vivas/Getty Images ; Page 6 : Bob Levey/Getty Images ; Page 7 : Larry Busacca/Getty Images ; Couverture et pages 9, 21, 30-31, 37, 50, 63 à gauche : Kevin Mazur/Getty Images ; Page 10 : lunokot/Shutterstock ; Page 11 : Jason Merritt/Getty Images ; Pages 13, 19 en haut : Sayre Berman/Alamy Foto Stock ; Page 14 à gauche : Tinseltown/Shutterstock ; Pages 14 à droite, 25, 40, 41, 62 à droite, 63 à droite : Christopher Polk/TAS/Getty Images ; Page 15 : Ethan Miller/Getty Images ; Page 18 : Buda Mendes/Getty Images ; Page 19 en bas : WENN Rights Ltd/Alamy Foto Stock ; Page 26 : Sam Hussein/TAS/Getty Images ; Page 27 : Toporovska Nataliia/Shutterstock ; Page 28 : Image Press Agency/Alamy Foto Stock ; Page 32 : Ignat/Bauer-Griffin/Getty Images ; Pages 36, 62 à gauche : John Shearer/Getty Images ; Pages 48, 49 : Amanda Edwards/Getty Images ; Pages 57, 64 : Brian Friedman/Shutterstock ; Pages 60-61 : Catrina Haze/Shutterstock.

conception graphique: Sara Travain

WS whitestar kids™ est une marque qui appartient à White Star s.r.l.

Piazzale Luigi Cadorna, 6 - 20123 Milan, Italie
www.whitestar.it

Traduction : Cécile Breffort
Révision : Raphaële Poitevin Sessa

ISBN 978-88-3291-584-6
Dépôt légal : Février 2025
1 2 3 4 5 6   29 28 27 26 25

Imprimé en Chine par
Shenzhen Dream Colour Printing Company Limited,
Shenzhen, Guangdong